LOS PIES

EL CUERPO HUMANO

Robert James

Versión en español de Aída E. Marcuse

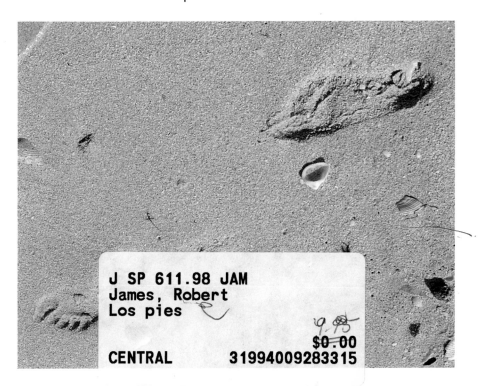

The Rourke Press, Inc.
Vero Beach, Florida 32964

FOTOGRAFÍAS:
Todas las fotografías pertenecen a ©Kyle Carter, menos las de la
cubierta y la página 18, que son de ©Frank Balthis, y las de las
páginas 7, 12 y 17, que son de ©Jerry Hennen

Catalogado en la Biblioteca del Congreso bajo:

James, Robert, 1942-
   [Los pies. Español]
   Los pies. / por Robert James; versión en español de
Aída E. Marcuse.
       p. cm. — (El cuerpo humano)
   Incluye índices.
   Resumen: Describe la anatomía del pie humano, explica cómo
cuidar los pies e incluye informaciones acerca de los pies y las
patas de algunos animales.
   ISBN 1-57103-114-6
   1. Pies—Literatura juvenil.   [1. Pies. 2. Materiales en idioma
español.]
I. Título II. Series: James, Robert, 1942-   El cuerpo humano
QM549.J3618 1995
611'.98—dc20   95–20190
                                                   CIP
                                                   AC

Impreso en Estados Unidos de América

ÍNDICE

LOS PIES

Un hombre le da una pala a su hijo.
—Tienes dos buenos pies—le dice—,uno es para mantenerte de pie, y el otro, para hundir la pala en el suelo.

Dos buenos pies y una pala sirven para cavar hoyos, con toda seguridad. Pero los pies de un muchacho o de—una muchacha—pueden hacer muchas cosas más.

Los pies han sido diseñados, sobre todo, para soportar el peso del cuerpo cuando estamos parados. Gracias a ellos podemos estar de pie, en vez de caernos de bruces.

Como si fueran pequeñas plataformas, los pies soportan nuestro peso cuando estamos parados, y cuando caminamos o corremos

5

LA FUNCIÓN DE LOS PIES

Los pies nos permiten quedarnos parados, o ir de un lado a otro en posición vertical. Gracias a los pies podemos caminar, trotar, correr, patear y trepar.

Nuestros pies son todavía más útiles, y sirven para otros propósitos, cuando les calzamos patines, esquíes, o patas de rana.

Las raquetas para nieve hacen que los viajes a pie por lugares nevados sean fáciles y divertidos

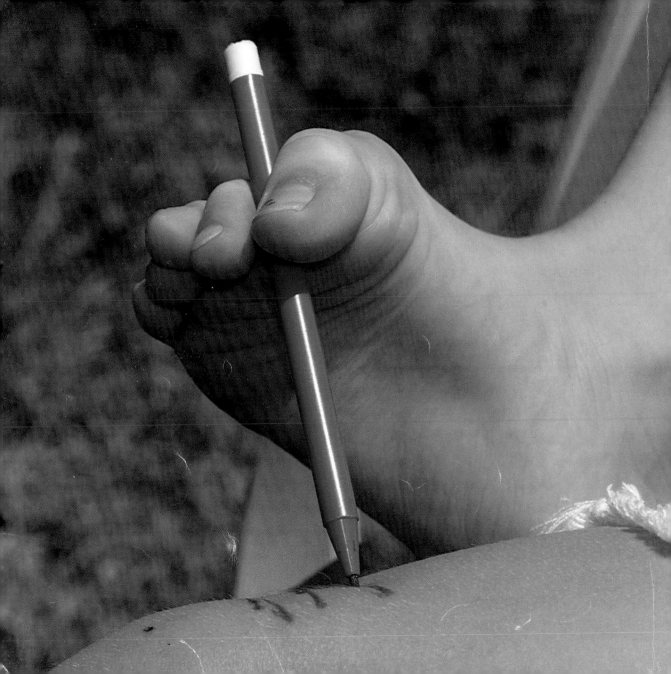

LAS MANOS Y LOS PIES

Las manos y los pies se parecen en varias cosas. Las manos tienen cinco dedos, y los pies también.

Lo pies son más pesados y más fuertes que las manos. Al fin y al cabo, tienen que soportar una carga pesada. Pero, igual que en las manos, en los pies reside el sentido del tacto. Los dedos de los pies, como los de las manos, pueden agarrar y levantar cosas. Muchas personas que han perdido o tienen inservibles las manos, han aprendido a usar hábilmente los dedos de los pies, y hasta los utilizan para escribir y dibujar.

Los dedos de los pies pueden agarrar un lápiz

LA PARTE EXTERNA DEL PIE

La parte de abajo del pie se llama **planta**. La planta del pie está acolchada con grasa, que se concentra, sobre todo, en la parte de atrás, llamada talón.

Los pies reciben un azote continuo, porque soportan tanto peso. La almohadilla de grasa que hay entre los huesos de los pies y la piel, amortigua el impacto que reciben al caminar o correr.

El arco del pie está en mitad de la planta. Cuando una persona tiene el arco del pie muy bajo, se dice que tiene "pie plano".

Los pies están hechos para resistir la presión que ejerce sobre ellos una caminata rápida

Los bailarines llevan el ritmo con los pies, al compás de la música

En un partido de fútbol, los pies parecen volar por el aire

LA PARTE INTERNA DEL PIE

Dentro del pie hay un **laberinto** de huesos, vasos sanguíneos, **nervios**, grasa, músculos y **ligamentos**.

El pie humano tiene veintiséis huesos. Catorce de ellos, llamados **falanges**, se encuentran en los dedos del pie.

Los ligamentos se parecen a fuertes bandas elásticas, hechas de carne. Su función es mantener los huesos del pie en su lugar, y mover el pie de acuerdo a lo que les dice el cerebro.

Un modelo del pie humano muestra los huesos desnudos

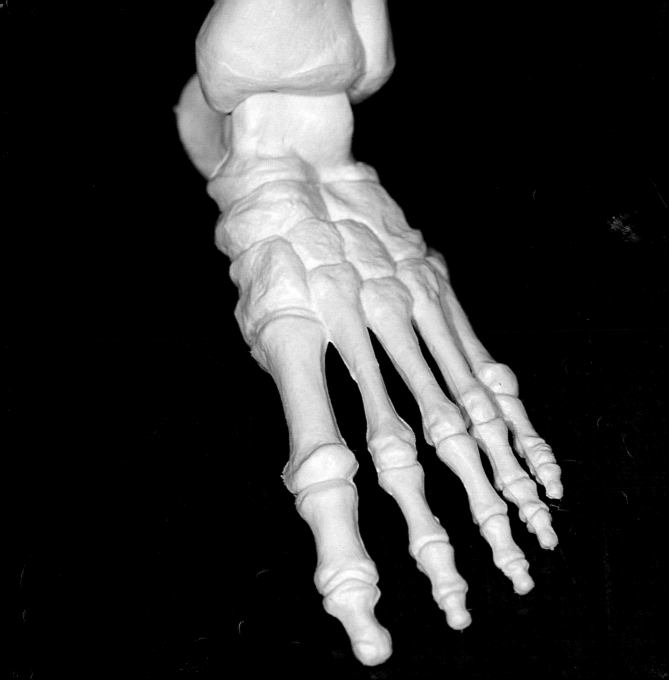

LOS PIES Y EL CEREBRO

El sentido del tacto de nuestros pies está ligado al cerebro. Los nervios que corren bajo la piel del cuerpo son como pequeñas "antenas"; sensibles al contacto y la temperatura. Los nervios envían señales al cerebro.

Cuando el cerebro las recibe, las percibimos como el toque de algo o alguien, o como calor, o frío.

El cerebro también envía señales a los pies, que les hacen dar pasos, patear, o hacer lo que tú quieres que hagan.

El barro húmedo y el agua fría son un placer para los pies calientes y cansados

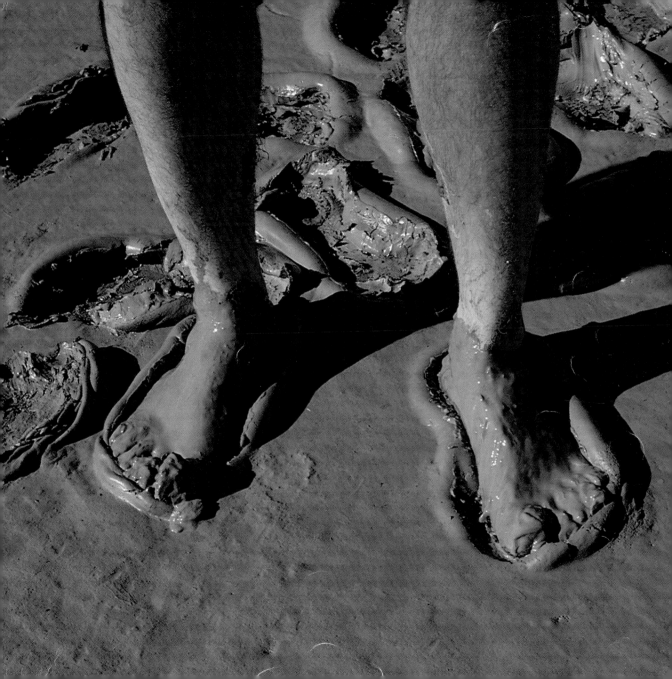

PROBLEMAS DE LOS PIES

No es fácil ser un pie. Los pies reciben constantemente el impacto de caminar o correr, y a veces, eso les ocasiona problemas.

Los dedos de los pies, como los de las manos, pueden helarse si se enfrían demasiado. También sufren cuando se les raja la piel, o les provoca picazón el "pie de atleta". Se llama así a una enfermedad muy común de la piel, causada por un **hongo** al que le encantan los lugares húmedos y oscuros...¡como los del espacio entre los dedos de los pies!

EL CUIDADO DE LOS PIES

Los **podiatras** son médicos especializados en las enfermedades de los pies. Se ocupan tanto de los problemas corrientes, como de los problemas serios que padecen los pies.

Un médico especialista en pies puede prescribir zapatos o medicinas que alivien al paciente. Además, si se trata de un problema serio, puede efectuar cirugía en el pie.

Si quieres evitarles problemas a tus pies, debes cuidarlos. Usa zapatos cómodos. Cuando sientes los pies cansados, déjalos descansar. Y no dejes que pasen mucho calor, demasiado frío, o que permanezcan húmedos.

Un fisioterapeuta le hace plantillas a medida a un corredor de carreras, que aliviarán el dolor de sus pies

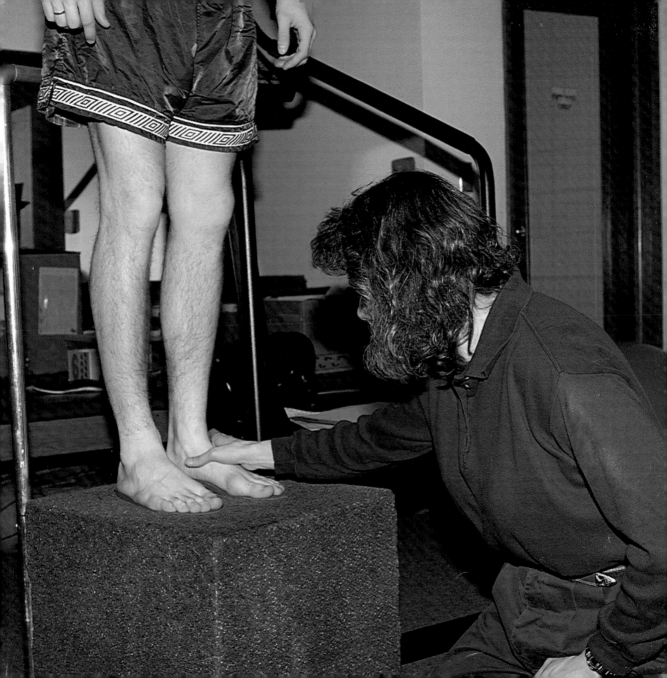

LOS PIES DE LOS ANIMALES

Muy pocos animales caminan en posición vertical, parados sobre dos pies. Los que lo hacen—como los canguros—, tienen las patas de atrás más grandes y fuertes que las de adelante.

Pero muchos animales, en cambio, caminan en cuatro patas. En ellos, las patas de adelante y las de atrás son muy parecidas.

Los pies de los monos se parecen a los pies humanos. Los monos, como nosotros, tienen dedos en los pies. Los de los monos son mejores que los nuestros para agarrar o levantar cosas, porque sus pies fueron diseñados para vivir en la copa de los árboles.

Glosario

falange (fa-lan-ge) — cualquiera de los huesos de los dedos de la mano o de los pies

hongos (hon-gos) — gran familia de criaturas vivientes, parecidas a las plantas. Uno de ellos provoca la enfermedad llamada "pie de atleta"

laberinto (la-be-rin-to) — arreglo complicado de muchas partes distintas

ligamento (li-ga-men-to) — especie de elástico de carne que permite que los huesos se mantengan en su sitio

nervios (ner-vios) — pequeñas "antenas" sensibles del cuerpo que envían mensajes al cerebro

planta (plan-ta) — parte de abajo del pie

podiatra (po-dia-tra) — médico especializado en los problemas de los pies.

ÍNDICE ALFABÉTICO